AF139130

*die wichtigste wahl
ist immer
die der richtigen worte*

martin franz
neuberger

Bibliografische Information der Deutschen Nationalbibliothek:
Die Deutsche Nationalbibliothek verzeichnet diese Publikation
In der Deutschen Nationalbibliografie; detaillierte bibliografische
Daten sind im Internet über http://dnb.dnb.de abrufbar.

© 2016 Martin Franz Neuberger
Herstellung und Verlag:
BoD – Books on Demand, Norderstedt

ISBN: 978-3-7392-2852-5

Alle Rechte der Verbreitung, auch durch Film, Funk und Fernsehen,
fotomechanische Wiedergabe, Tonträger, elektronische Datenträger
und auszugsweisen Nachdruck sind vorbehalten.

die ungelesenen
weggehfährten

214

weggehfährten

DASBUCH

das buch
vom leser
kritisch einst befragt
warum es immer schon
und ohne klage
einfach jedes thema
still in sich ertrage
öffnet sich
und meint
nach kurzem überlegen
unumwunden

was soll ich machen
ich bin gebunden

215
weggehfährten

U
N
M
I
S
S
V
E
R

missverständnisquoten
durch die sprache
scheinbar umso
steigen
je mehr die sprecher
zu perfektem ausdruck
neigen

nimmt dagegen einer
wortwahl
plus bedeutung
nicht so wichtig
liegt er mit gesagtem
meistens nicht nur scheinbar
trotzdem immer richtig

kommt durch diesen text
nun irgendetwas
nicht ganz klar
könnt es sein
dass irgendjemands neigung
nicht ganz richtig ist
bzw war

216

weggehfährten

F
A
I
R
N
E
S
S

ein gedicht
gleich für
und gegen jeden trend
das aus diesem grunde
oder trotzdem
keiner kennt
ein gedicht
mit dem perfekten
weil/obwohl ganz ohne reim
ein gedicht
zu lesen öffentlich und überall
und doch geheim
ein gedicht
befreit von botschaft ganz und gar
und ohne jeden sinn
ein gedicht
für jetzt und immer
und auch fürderhin
ein gedicht
für alle fälle
passend hier an dieser
und an jeder andern stelle
ein gedicht das eigentlich in keiner
aber sonst in jeder andern sprache
nichts und damit alles tut
zu jeder sache
wäre unfair als gedicht
sonst bräuchte man die andern nicht

217

weggehfährten

MEIN GEDICHT

gedichte
das ist blöd
sind meistens ziemlich öd

sie können
das ist dumm
oft nur um den brei herum

und kennen
schräge gschicht
oft ihr eignes thema nicht

ein gedicht
wie dieses hier
das passt

zumindest aufs papier

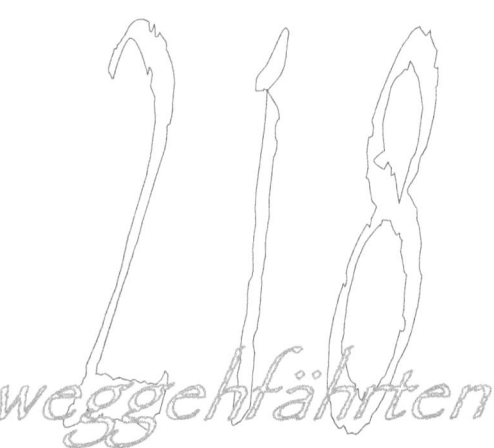

weggehfährten

Ü
B
E
R
S
C
H
Ä
T
Z
T

mancher glaubte schon
er hätte es geschafft
dass er die dinge
auf den punkt gebracht

er meinte wohl
sie lägen bloß herum
an irgendwelchen
enden oder ecken

man kann – und damit
komm ich auf den punkt –
sie auf besagtem ort
wohl bestenfalls entdecken

219
weggehfährten

A U F D E N . G E B R A C H T

auf den punkt

auf welchen punkt

auf den doppel-
auf den strichpunkt
auf den höhe-
auf den tiefpunkt

auf den schwerpunkt
auf den drehpunkt
auf den k-punkt
auf den g-punkt

auf den mittel-
auf den wendepunkt
auf den anfangs-
auf den . . .

ende . . . aus . . .
jetzt reichts

punkt

weggehfährten

H
Ö
H
E
P
U
N
K
T

der höhepunkt
kommt eines tages mit gesuch
zu seinem vis-a-vis
dem tiefpunkt auf besuch

er wolle einmal
etwas neues sehn
statt ständig nur
im rampenlicht herumzustehn

auch halt er
diesen ständigen applaus
auf dauer
einfach nicht mehr aus

so tauschen sie
auf höhepunktes wollen
einfach
ihre angestammten rollen

das publikum
in hohem maße irritiert

applaudiert

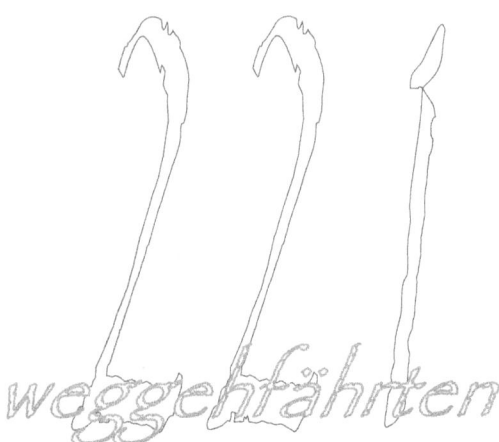

221 weggehfährten

S

T

A

R

S

wie zum beispiel
morgenstern
wär fast beinahe
jeder gern
doch große ziele
liegen äußerst fern
und nur ganz wenige
sind stern
wie zweifellos
besagter nicht nur war

daneben ist man
höchstens star
wie heutzutage
sich bald jeder nennt
auch wenn ihn eigentlich
noch niemand kennt

weggehfährten

A N G E B O T

neulich
hat er mir
die stirn geboten

frech
und
gänzlich unerwartet

ich begann
die lage
auszuloten

...

der rest
ist schnell
erwähnt

ich
hab sie dankend
abgelehnt

223

weggehfährten

IM GLASHAUS

mancher
der schon
einen stein geworfen
hat später
oder früher schon
bemerkt
sehr schnell
sind weitere
geworfen
und hat
das glas um sich herum
verstärkt

er baut nun
villen
burgen
schlösser …

doch
auch die steine
werden größer

224
weggehfährten

NACHBEHALT

wie sich doch
die blätter drehn im wind
wie ein jedes
seine richtung findt
wie je drei
im gleichschritt ganz gemächlich
so als wär der sturm
nur nebensächlich
ungerührt und stetig
ihre runden drehn

wie so weit
das auge reicht
jedes seinem
nachbarn gleicht
wie obwohl sich
vorbehalt an vorbehalt
endlos reiht
in diesem wald
wir bewundernd
zu ihm stehn

weggehfährten

DUMMES HUHN

goldne eier
will man
selbstverständlich
nur sich selber legen

schade nur
dass auch
der stammbaum stirbt
im sauren regen

226

weggehfährten

GUT GEÖLT

sie dreht sich
keinesfalls mehr lange
ist manchen
pessimisten bange

doch unbeirrt
und auch gekonnt
gehts an den
tiefes wasser horizont

ein tropfen öl
zur rechten zeit
verleiht der drehung
leichtigkeit

bis alle lagerstätten
ausgehöhlt
ist der planet ganz sicher
gut geölt

227

weggehfährten

anzuprangern diesen bau
wär der einzig echte supergau

alles vom und nur zum besten
arbeitskleidung weiße westen
und der himmel strahlend klar
wie davor er niemals war

trotzdem will
in halbwertexpertisen
man der menschheit
diese chance vermiesen

glück gesundheit stimmungslage
alles eine grenzwertfrage
gegen die man besser
sich verwahre?

was sind schon 24000 jahre

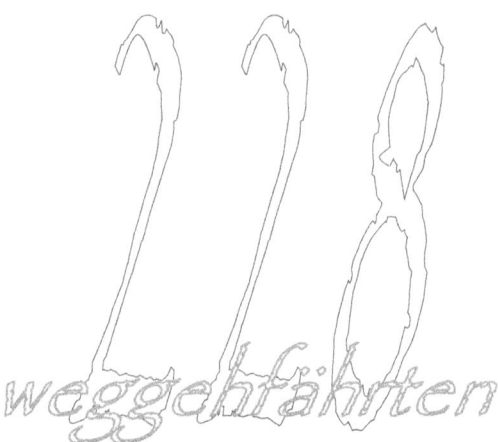

weggehfährten

FÜNF VOR

artensterben
drohgebärden
klimawandel
menschenhandel
kinderschänder
samenspender
menschenrechte
scheingefechte
terroristen
todeslisten
bombenterror
global error
nine eleven
stairs to heaven

...

tabu
sind nur mehr die tabus
und trotzdem
ist es immer 5 vor 12

wann schlägt es
endlich 13

229

weggehfährten

RENATURIERUNG

es fehlt nun
nicht mehr viel
zum großen ziel
die erde
wiederherzustellen
wie sie
früher einmal war

unbesiedelbar

weggehfährten

AUSSTEIGER

auf der
guten alten
mutter erde

wo ich
bald schon
nicht mehr leben werde

wird
die menschheit
mehr und mehr zur qual

...

sie kann mich mal

231

weggehfährten

A
L
L
E
I
N
S
A
M

allein
im all
und schwerelos

scheint mir

auf jeden
fall
ein schweres los

232

weggehfährten

EINSAMKEIT

manchmal
merkst du
dass du
einsam bist

weil niemand
da ist
der dir
lästig ist

233

weggehfährten

IRGENDWEN

ohne ihn
gehts auch
ohne dich
gehts auch
ohne sie
gehts auch
ohne euch
gehts auch
ohne mich
gehts auch

...

es kommt
auf keinen wirklich an
doch irgendwen
braucht jedermann

234

weggehfährten

DANKBARKEIT

mancher
hasst
dass man ihn
liebt

trotzdem
nimmt er
wenn man
gibt

235
weggehfährten

VERKÜMMERT

manche
die sich selber
für die
besten halten

merken nicht
dass sie sich
immer
negativ entfalten

236

weggehfährten

UMGANGSFORMEN

je mehr
sich einer
gehen lässt

desto weniger
kommt
er an

oder ist es umgekehrt

237

weggehfährten

W
I
N
D
S
T
I
L
L
E

manche
spüren
keinen
gegenwind

weil sie
gar nicht
in bewegung
sind

238

weggehfährten

K
U
S
C
H
E
L
E
C
K
E

kuschel
in der
kuschelecke
ecke bloß nicht an

kusche lecke
lieber
in der
kuschelecke

239

weggehfährten

GESINNUNG

manche
haben
eine meinung

und stehen oft
allein
dahinter

manche
haben
keine

aber
jede menge
gleichgesinnter

240 weggehfährten

A
L
L
E
S
U
N
D
N
I
C
H
T
S

einige
versprechen alles
andere
versprechen nichts

manche sehn
da einen unterschied
manche sehn
ihn nicht

die einen
glauben alles
die andern
glauben nichts

241

weggehfährten

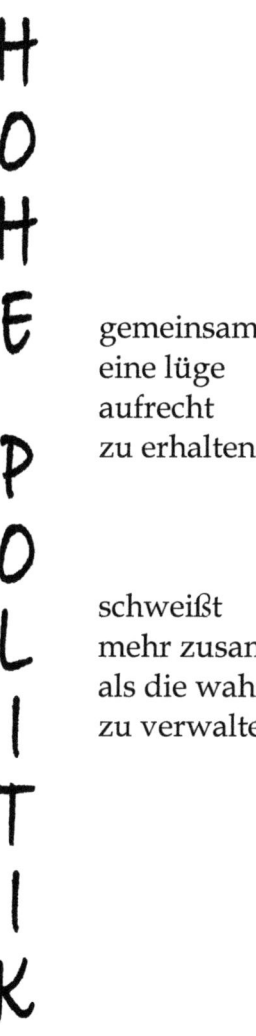

HOHE POLITIK

gemeinsam
eine lüge
aufrecht
zu erhalten

schweißt
mehr zusammen
als die wahrheit
zu verwalten

weggehfährten

KEHRICHT

manche
präsentieren
alles
so geschickt
und
so verdreht

dass
ihr ich
am ende immer
vorne steht

243

weggehfährten

KARRIERE

gestern
hätte man
das nie
geglaubt

heute
ist er
landeshaupt

mann !

244

weggehfährten

FÜHRERSCHEIN

mancher
führer schein

lässt manche
hoffnungslos
verblendet
sein

245

weggehfährten

VERANTWORTUNG

müsste ein
bill clinton
verletzte
je verbindn

würd ein
ronald reagen
verwundete
je pflegen

gäb ein
abd el nasser
sterbenden
je wasser

...

oder
all die andern namen
die von uns
die macht bekamen

246

weggehfährten

B
L
O
bürokratisch
unsympathisch
S
wahlversprechen
mal erbrechen
S
landtagswahl
karneval
R
hohes haus
saus und braus

...

E
geht manches
auf den leim
I
ausgerechnet
einem reim
M
E

247

weggehfährten

W
A kompliment
H prolog
laudatio
braucht wahrheit
schöne worte

R statements
referate
plädoyers
H braucht wahrheit
kluge sätze

E rhetorik
propaganda
manifeste
I braucht wahrheit
lange reden

T

weggehfährten

E

P

O

C

H

E

N

eigentum
wachstum
schrifttum
carnuntum

heiligtum
christentum
bistum
brauchtum

altertum
heldentum
rittertum
siechtum

datum
quantum
faktum
irrtum

weggehfährten

DENKFEHLER

falsch wahr
genommen

richtig falsch
gedacht

wahr und falsch
verschwommen

falsches wahr
gemacht

weggehfährten

N
I
K
O
S
I
D
I
A

sta(..)dt
ge(..)teilt

einig(..)keit
ver(..)boten

besich(..)tigt
abge(..)seilt

zypri(..)oten

weggehfährten

DIE GLEICHGÜLTIGKEIT DES KRANS

gestern dieses
kraftwerk
heute ein spital
morgen ein
gefängnis
mit prächtigem portal

unten die
kaserne
oben ein palais
drüben eine
kirche
daneben die moschee

252
weggehfährten

I
S
L
A
H
M

angst
vor dem
islam

versteh
ich nicht

fast die ganze
christnheit
is lahm

weggehfährten

ARGWOHNSLOS

der argwohn
der im
faden schein
vor wände findet
die er stets
mit eifer sucht
wird
jäh vom zorn
gepackt

er merkt
es ist vergeblich
und trotzdem
bleibt ihm
deshalb
die erfüllung
untersagt

254

weggehfährten

T
O
L
E
R
A
N
Z

intoleranz
sucht stets nur ihresgleichen
für toleranz
kann sie sich nicht erweichen

auch selbsternannte toleranz
hat kein verständnis
für ihr gegenteil
sie kennt
und sieht ihn nicht
den teufel im detail

die wirklich toleranten
als solche
nicht von vielen anerkannten
können
ohne die gesichter zu verliern
alle akzeptiern

weggehfährten

GASTFREUND

ein guter freund
er schenkte ein
ein weiteres
doch nicht das letzte
gläschen
von dem edlen wein

warum

weil ich mich
zu ihm setzte

LAMM GOTTES

und
trotz des einen
oder anderen
verbotes

ein
schwarzes schaf
ist auch
lamm gottes

257

weggehfährten

DES REICHEN ANTWORT

reich mir
den arm
sagt arm
zu reich

gleich
wer du bist

sagt reich

du bist
mir gleich

weggehfährten

UNTERM ÜBERHALT

der unterhalt
nach dem
die meisten streben

ist herzlich wenig
wenn man bedenkt

dass manche
auch im überhalt
noch unzufrieden leben

weggehfährten

ÜBERHALTUNG

manche
die sich gerne
über dies und das
und ständig unterhalten
können nicht verbergen
dass da niedrigere
sinne walten

bei andern
kann der geist
worüber sie
auch reden
sich immer frei entfalten
ich würde meinen
dass sich diese überhalten

260

weggehfährten

M
Ü
H
S
A
M

schwarz
     weiß
schwarz
     weiß
schwarz
     weiß
schwarz
     weiß
schwarz
     weiß
schwarz
     weiß
schwarz
     weiß
schwarz
     weiß
schwarz
     weiß

s c h w e i ß

261 weggehfährten

O T A N N E N B A U M

in

jedem haus

ein

tannenbaum

die

bäume reichen dafür

kaum

also gibt man nach dem

fest

eine kleine spende für den

rest

weggehfährten

E
I
N
Z
I
G
A
R
T
I
G

individuum

ind i wie du um

ind du wie er um

ind er wie sie um

ind sie wie es um

ind es wie wir um

ind wir wie ihr um

ind ihr wie sie um

ind sie wie i um

ind i wie du um

individuum

263
weggehfährten

W
E
R

S finnen
I
N dänen
D schweden
inder
D kelte
I anden
E polen
russen
briten
A
N iren
D
E
N

264

weggefährten

K
E
I
N
E
R
I
N

keine
ist wie
keinerin

ohne zweifel
keiners
feminin

265

weggehfährten

S
I
R

so zu reimen
auf sir karl

K

ist vielleicht
ein wenig fahrl

ässig

aber sicher nicht
gehässig

A
R
L

266 weggehfährten

S
O
Z
U
S
A
G
E
N

einfach
sozusagen

einfach
so zu sagen

einfach so
zu sagen

einfach so
zusagen

einfach
sozusagen

261

weggehfährten

**L
A
N
G**

wie viel
text
braucht
ein gedicht

**G
E
N
U
G**

wenn er
lang genug ist
einen titel bloß
mehr nicht

weggehfährten

LEERE

269

weggehfährten

SELBER SCHULD

manche künstler
sagt man
strapaziern
des publikums geduld

schreiben aber
kann doch jeder was er will
wers liest
ist selber schuld

weggehfährten

A N I M A T I O N

manche
müssen ständig
animiert wern

i
möcht a
nie miad wern

271

weggehfährten

B
E
R
N
A
D
E
T
T

sie ist herzlich
sie ist nett
sie ist sexy
und adrett

am hals
trägt sie
ein kleines
amulett

und insgeheim
fragt sich ein jeder
ob er sie er-
o-
bern a tät

weggehfährten

J

E

N

N

I

F

E

R

du bist
unvergleichlich attraktiv
immer
und in jeder lage positiv
besonders
in der zweisamkeit sehr kreativ
dein blick
ist sanft und endlos tief

und ich bin froh
dass sie noch da sind
die geister
die ich rief

doch
mach ich dich
im handumdrehn
zu meiner ex

solltest du
noch lang so weiterqua-
tschen i ver-
sprechs

273

weggehfährten

D
I
A

so kommts
dass zu dem schmuck
den sie probiert
sich auch sein charme
ganz ungeniert
erfolgreich
scheinbar auch
hinzugesellt

und ich
ertrag es nicht
dass
di a dem
so gut gefällt

D
E
M

274

weggehfährten

O
B
S
I
D
I
A
N

was für ein
edelstein

hast du vielleicht
von anfang an
ganz fest
an sie geglaubt

und nicht geprüft
ob sie di an-
schaut eigentlich
und überhaupt

275

weggehfährten

**S
M
A
R
A
G
D**

sie ist mein
edelstein

und ich
ich bin ihr
guter tropf

doch manchesmal
kommts über mich
so dass ma ragt
bis über
meinen kopf

276

weggehfährten

D
I
A
M
A
N
T

ihr liebster
sei ihr teurer
als der
schönste edelstein
das gibt sie oft
und gern bekannt

du bist
darüber sehr erfreut
doch wär vielleicht
zu hinterfragen
ob sie wirklich
di a mant

211

weggehfährten

K O N S E Q U E N T

mach ich dich heiß
lässt mich das kalt

hältst du mich hin
nehm ich dich her

regst du mich auf
lehn ich dich ab

wirfst du mir vor
weis ich dir nach

wendest du ein
raste ich aus

lässt du mich stehen
lass ich mich gehen

weggehfährten

D
U
du bist
aggressiv
du bist
progressiv
du bist
affektiv
und
kontraproduktiv

du bist . . .

B
du bist
überhaupt sehr tief

I
vielleicht
ist das der grund
warum es nicht so lief

S
für mich
bist du ab heute
nicht einmal mehr
T
konjunktiv

219

weggehfährten

A
U
S
G
E
F
A
L
L
E
N

tag für tag
sozusagen täglich
immer gleich
unerträglich

varianten
müssen her
neu extrem und
extraordinär
zugewinn
nicht unerheblich
punkto
individualverkehr

ohne irgendwen
bevorzumunden
hat ausgefallner sex
je stattgefunden

weggehfährten

BEZEICHNEND

wenn
alles
immer
treffend
und
korrekt
bezeichnet
wär

hieße
sex im alter
sicher
greisverkehr

281
weggehfährten

DIE UNVERWANDTE

jene
könnt ich anschaun
tagelang
und unverwandt

bei dieser
ist das nicht der fall
im gegenteil

vielleicht verwandt

weggehfährten

S

einen
kleinen blick nur
durch das fenster
ihrer seele

doch
sie zieht
den vorhang zu

sieht sie nicht
wie ich mich quäle

tag für tage
wochen
jahre
immerzu

endlich
ich wagte nicht
es noch zu hoffen

heute
bleibt der vorhang offen

283

weggehfährten

M
E
I
N

P
L
A
T
Z

vor dir
hinter dir
auf dir
unter dir
über dir
in dir

bei dir

weggehfährten

TEIL VON MIR

ein baum
will man ihn pflanzen
ist im großen und im ganzen
nicht nur als symbol
sondern auch als solcher
und sehr wohl
wenn er wurzelt
knospt
und blättert
wenn er wächst
und wenn er ältert
an und für sich schon erfüllung

viel mehr jedoch
weil man ihn gehegt
gepflegt
zählt noch die enthüllung
dass er nunmehr
selber früchte trägt

285
weggehfährten

I
S

endlich
ist sie plötzlich da
wie selbstverständlich
A obwohl es
unerklärlich ist
was da geschah

B das wunder
leben
gibts
E unendlich oft
auf dieser welt

L und trotzdem
hat
genau das eine
L noch gefehlt

A

weggehfährten

D A S   B E S T E

es war
fürs beste
nicht der beste tag
es war nicht gut genug

das bessere
war plötzlich sehr gefragt
und die begründung
schien sehr klug

ex equo können
viele beste sein
das bessere jedoch
gibts nur allein

287
weggehfährten

E
R
F
A
H
R
E
N

es sei exakt
semantisch aufgedeckt
warum erfahren
in verfahren steckt

ist sich jemand oft genug
und vielerorts verfahren
rühmt er sich danach
zu recht als sehr erfahren

wird mit jemand arg
und ärger noch verfahren
wird er das sehr schmerzhaft
und am eignen leib erfahren

war man jemals schon
verwickelt in verfahren
hat das sicher bald schon
jedermann erfahren

weggehfährten

WIRTSCHAFTSKUNDE

selbst
im kleinsten
kaufpreis

steckt
nicht selten
ein aufpreis

289 weggehfährten

GUT VERKLEIDET

die bewunderung
gehört
dem schönen kleid

darunter
gut verborgen
steckt das leid

weggehfährten

GARDEROBE

am ende
hängt

in jeder
garderobe

hingehängt
von irgendwem

unbemerkt oft
eine robe

291

weggehfährten

A
N
T
E
I
L
N
A
H
M
E

größten anteil
nimmt und nehmen
erben
nicht nur meist

sondern immer
wenn es
sterben
heißt

weggehfährten

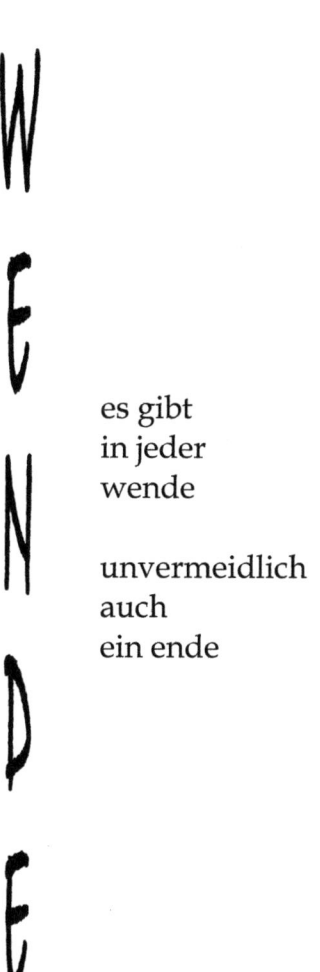

es gibt
in jeder
wende

unvermeidlich
auch
ein ende

293

weggehfährten

B R A S I L I K A

würdig die
basilika

irgend in
brasilia

auch genannt
brasilika

294

weggehfährten

VORDERGRÜNDIG

findet eine
kleinigkeit
sich nicht ganz bündig

sehen manche geister
die gesamtheit gleich
als sündig

295

weggehfährten

HINTERGRÜNDIG

wird der geist
im sachverhalt
nicht fündig

nennt der mund
die sache
hintergründig

296

weggehfährten

DIE ERSTEN VERSE

am weiten
strand
des immermehrs

beschäftigt
mit dem
2. oder 3. vers

erwartung
mehr und mehr
per vers

erkiesend
opfer
eigenen begehrs

297

weggehfährten

DER LETZTE VERS

allein
am strand
des nimmermehrs

lange
nach dem
letzten vers

erinnerungen
mehr denn weniger
invers

und niemand -
niemand fragt
wie wärs

298

weggehfährten

W
E
G
G
E
F
Ä
H
R
T
E

gehst du
weg gefährte
bist du
nicht mein weggefährte

gehst du
nicht gefährte
bist du
auch kein weggefährte

kommst du
mir abhanden
bist du für mich
nur mehr weg gefährte

299

weggehfährten

WEGGEHFÄHRTEN

wenn
weggefährten

weggehn
mit gefährten

bleiben nur die
weggehfährten

300

weggehfährten

**E
I
N**

... und
so viele
die ich
außerdem
noch sichte

**S
T
E
I
N**

selbst
einstein
war nur
einer
im abstrusen
mosaik
der weltgeschichte

301

weggehfährten

A
P
F
E
L
S

W
A
H
R
E
R

K
E
R
N

kaum
fällt er

egal
wie weit
vom stamm

wird
er
auch schon
älter

302

weggehfährten

G E B U R T S T A G S G E D I C H T

gerade auf
geburtstagsfesten
gibt man selbstgereimtes
gern zum besten
denn
so meint man jahr für jahr
das gefiele ihm
dem jubilar
und so reimt
abseits von jeglicher grammatik
jedermann
sich quer durch die thematik

wie ist da wohl
dem jubilar zumute

drum ganz kurz
zum geburtstag alles gute

303

weggehfährten

QUADRATUR DES KREISES

ein greis
in großer sorge
über seine zeit
die fortgeschritten
mittlerweile
schon sehr weit
sucht für die letzten tage
die er vor sich hat
die lösung
im quadrat
er baut sich also eine uhr
in besagte quadratur

blieb ein zeiger nämlich stecken
in einer der vier ecken
stünd die zeit
für ihn wohl still
und genau das ist es
was er will
es braucht für ihn
auch keines weiteren beweises
das ist sie nun
die quadratuhr
eines greises

104
weggehfährten

AUSGEBREMST

eines vetters fahrradbremse
weil er selbst wie eine gämse
scheint bisweilen überfordert
eine neue wird geordert
doch das fahrrad eigenwillig
wars doch alles andere als billig
unhörbar für vetter spricht
diese bremse will ich nicht

und so kommts
bei nächster bergausfahrt
rad und bremse wirken ungepaart
dass bergab
vor enger kehre
vetters bremshand greift ins leere
halteweg ist
abgesehn von bösem sturz
trotzdem eigentlich sehr kurz

einmal noch legt vetter
an sein fahrrad hand
zur trennung kommts
an eines abgrunds rand

305

weggehfährten

DER UNHOLD

ein hold
stand einst beim könig
zwar im sold
um ihn vor feinden
zu beschützen
wähnte sich jedoch
zu vornehm
waffen zu benützen

der könig sah
er müsse handeln
und ihn
ins gegenteil verwandeln
es war nicht allzu viel
zu tun
er schenkte seinem hold
ein un

306
weggehfährten

W
Ü
R
D
E
N
T
R
Ä
G
E
R

so sehr
reizvoll
sind für manche
diese kleinen bürden
dass sie
diese
gerne ständig
tragen würden

deshalb
werden sie
das ist bekannt
würdenträger
auch
genannt

307

weggehfährten

MEHRJUNGFRAU

ist sie
oder
ist sie nicht

man weiß
es nicht genau

wir können
nur vermuten

je weniger
an kindern
desto mehr jungfrau

weggehfährten

DORFGENDARMEN

zwei
drei
dorfgendarmen
meister
großer gesten
mit den armen
wollten einem
der davor genüsslich
einen schlürfte
zeigen
dass er hier nun
eigentlich nicht dürfte
da besagter
sich jedoch nicht zählte
zu den armen
meinte er bloß
doch
i dorf gendarmen

309

weggehfährten

D
E
R

K
R
U
G

er geht nicht mehr
zum brunnen
der krug
er hat genug
er will sich seinem schicksal
nicht ergeben
was wär das für ein leben
er sei nicht drauf erpicht
dass wie im sprichwort
er daran zerbricht
so sucht er einen andern job
und findet ihn gottlob
er meint
dass ers jetzt besser habe
weil er nun
andern eine grube grabe

nur leider fällt er selbst hinein
und überlebt es nicht
er zerbricht

310

weggehfährten

C A S I N O

alles nobel
alles teuer
altehrwürdiges
gemäuer

bester anzug
abendkleid
und fürs große
glück bereit

hier ein spiel
und da ein spiel
plötzlich wars
ein spiel zu viel

WEISSENBACH

therapieren
meditieren
inhalieren
und saunieren
heilmassieren
generieren
konversieren
informieren …

das alles
unter einem dach
drei wochen in
bad weissenbach

312

weggehfährten

FEHLENDER KURGEDANKE

kur

rund um die uhr

allein auf weiter flur

ist wellness pur

I'm sure

und von tortur

keine spur

nur …

313
weggehfährten

REISELUST

ameisen
am eisen
wollen gern verreisen

angeführt von einer weisen
die sie dankbar dafür preisen
warten hoffnungsvoll in kreisen
ameisen am eisen

so kommts
auf diese weise
per zug
zur letzten reise

314

weggehfährten

JETLÄGRIG

am jet läg es
wie man ihm entstiegen

freiheitsdrang scheint
wie auch immer ungebrochen

alltag endlich
also kurz vorbei

abenteuerlust
möcht weiterfliegen

müdigkeit jedoch
obwohl in allen knochen

ist aus diesem grunde
trotzdem nicht dabei

315

weggehfährten

ZB

dicht gedrängt
in enge gassen
ineinander fast gefügt
dächer
türme
farbenreste
abgebröckelter fassaden
meister zufall war hier architekt

R

bunt gemischt
an allen ecken
wertlos zwar doch wunderschön
decken
tücher
bilder bücher
nicht erwähnenswerter künstler
und so vieles noch ist unentdeckt

O

leichter schritt
auf grobem pflaster
ringsum anmut eleganz
lächeln
blicke
phantasie und
wirklichkeit gehn ineinander
im moment ist der moment perfekt

V I N

es drängt mich etwas auszuwählen
als erinnerung mir mitzunehmen
suchen
prüfen
stundenlang bereits
schließlich die erkenntnis
nur die vielfalt
in authentischer umgebung
birgt den reiz

J

316

weggehfährten

SPÄT AM MORGEN

den reiz
der frühen
morgenstunden

schon viele
haben ihn
gefunden

auch mir
obwohl doch
sehr verwegen

kommt der gedanke
beinah
schon gelegen

je früher desto eher
doch bin ich leider
spätaufsteher

317

weggehfährten

S

O

M

M

E

R

M

O

R

G

E

N

über nacht
neu aufbereitet
ist die luft noch klar
und kühl erfrischend
in zarten farben
sich vermischend
liegt die landschaft
ausgebreitet

der rote ball
erhebt sich endlos träge
und blickt verschlafen
auf den neuen prunk
er nimmt den letzten tau
als morgentrunk
die vor uns
sind immer unbekannte wege

hoffnung strahlt
aus osten mir entgegen
die sonne macht um mich herum
stets einen weiten bogen
sie ist so scheints
mir dennoch sehr gewogen
vielleicht kommt heute
endlich regen

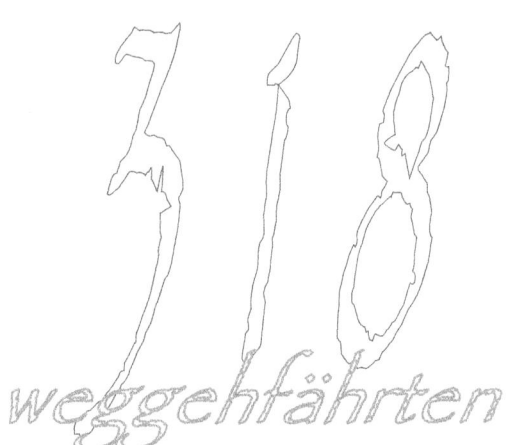

318

weggehfährten

K
L
A
T
S
C
H
M
O
H
N
R
O
T

halm an halm gereiht
endlos weit
elegant im wind
und leicht
soweit das auge reicht
bewundernd steh ich
mittendrin
von unsichtbarer hand
hinein und in den bann
gezogen
steh ich sitz ich lieg ich
umgeben
nur von wind
und kornfeldwogen

doch plötzlich
unter lauter echtem
korn und schrot
ein trotzig kleines
klatschmohnrot
in ganz und gar nicht
mittelbarer nähe
und ich bin froh
dass ich es sehe

319

weggehfährten

SCHILFES STOLZ

wenns stürmt
so scheint es
ihm gewogen
und neigt sich
in bewundernswertem
bogen
ein bild für götter
wie die halme
sich gebärden

dagegen ist
bei windes
stille
das wiegen
nicht so unbedingt
sein wille
es muss wohl erst
dazu gezwungen
werden

320
weggehfährten

N
U
R

E
I
N

B
A
U
M

an der ecke steht ein baum
man kennt ihn kaum
das hemd ist näher als die weste
und noch viel weiter weg
sind seine äste

an heißen tagen wird ganz gern
sich unter und dazugestellt
doch eines tages
wird der baum gefällt
so kommts
dass an der ecke wartend
so mancher schattensucher
angesichts der grellen sonne
trotzdem plötzlich leichenblass
und überrascht bemerkt
da war doch früher was

auch bei regen wird ganz gern
sich unter und dazugestellt
doch eines tages
ist der baum gefällt
nun wird
bei schlechtem wetter
an der ecke wartend
man womöglich nass
sodass so mancher
überrascht bemerkt
da war doch früher was

321
weggehfährten

E
R
L
Ö
S
T

dunkel trüb
und hoffnungslos
stürmisch kalt
und quälend

endlos lang
und rücksichtslos
marternd
und entseelend

doch unvermutet
dicht und jäh
fällt aus schwarzer wolke
weißer schnee

222

weggehfährten

R
E
G
E
N
B
O
G
E
N

über einen regenbogen
weil magisch
von ihm angezogen
möchte ich
und seis auf allen vieren
liebend gerne
drüberbalanzieren

hinter einem regenbogen
weil magisch
von ihm angezogen
will ich
bis in ihre letzten ecken
eine neue welt
für mich entdecken

unter allen regenbögen
die mich magisch
an sich zögen
gibt es leider
nicht mal einen
der das wollte
würd ich meinen

123
weggehfährten

GEGENLICHT

ich liebe
dieses gegenlicht
immer wieder
eine neue sicht
solche bilder
seh ich anders nicht
doch was ich
sehn will
seh ich nicht
und was ich seh
genügt mir nicht

trotzdem lieb ich
dieses gegenüber
seit dem ersten blick schon
und kopfüber
immer wieder
blicke ich hinüber
blickt
so frag ich mich
es auch herüber
die sicht wird klarer
da ist es vorüber

weggehfährten

A
U
S
S
I
C
H
T
S
L
O
S

umringt
von
dunkel
in finster
mittendrin
von rabenschwarz
umgeben
perfekt
benachtet
gänzlich ohne sicht
und auch
des tunnels ende licht seh ich nicht

325 weggehfährten

IDEALBESETZUNG

der mensch
verdient
laut mensch
sein unglück nicht
kein einziger
die anderen dagegen schon

der mensch
ist für die
rolle mensch
die idealbesetzung
die gage
die er nimmt
ist dementsprechend
das hat der schöpfer nun davon

126

weggehfährten

GENESIS

bezweifeln
wir
der schöpfung
wirklichkeit
bleibt
nur noch
eine
möglichkeit

die welt
und
damit
alles leben
ist
schlicht
und einfach
gottgegeben

327

weggehfährten

W

O

Z

U

türen
die ins nirgends
führen
küsten
die vom meer nichts
wüssten
tiden
die die flut
vermieden
stiegen
die im waagrecht
liegen
reben
die nach innen
streben
leben
nicht von gott
gegeben

weggehfährten

V
E
R
S
Ä
U
M
T

einst
war er
menschlich
doch niemand
war bereit

nun
ist er wieder
göttlich
für
alle ewigkeit

329

weggehfährten

E T W A S

innerirdisch nichts
außerkosmisch nichts
über allem nichts

gegenwärtig nichts
zwischenzeitlich nichts
immerwährend nichts

so gesehen nichts
augenscheinlich nichts
offensichtlich nichts

und trotzdem
ist da etwas

weggehfährten

U
N
G
L
A
U
B
L
I
C
H

das unglaubliche
warum
sagen wir es nicht

das unsagbare
warum
schreiben wir es nicht

das unbeschreibliche
warum
sehen wir es nicht

das unsichtbare
warum
berührn wir nicht

das unbegreifliche
warum
glauben wir es nicht

weggehfährten

oft werde ich
gefragt …
ich weiß es nicht

oft werd ich
angerufen…
ich versteh es nicht

oft werde ich
ersucht…
ich sag es nicht

oft werde ich
gebeten …
ich will es nicht

oft denk ich mir …
ich weiß es nicht

332

weggehfährten

IMMER DAS GLEICHE LIED

oft gewollt
nie bestärkt

oft versucht
nie bemerkt

oft verlangt
nie gestillt

oft gedrängt
nie gewillt

oft bemüht
nie belohnt

oft getextet
nie vertont

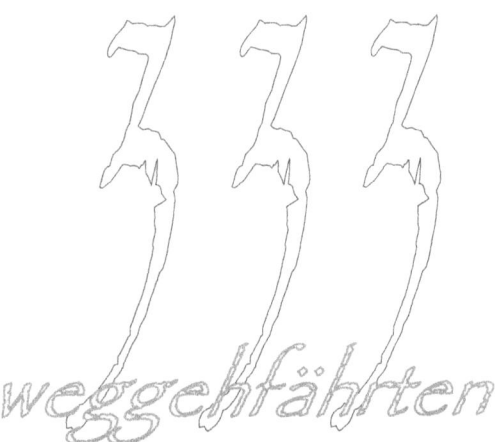

weggehfährten

UNERHÖRT

letztendlich
umso mehr
wie ungesagtes
klingt

weil
viel zu wenig
ganz nach innen
dringt

334

weggehfährten

RICHTUNGSWECHSEL

man könnte
vielleicht …

man sollte
sogar …

man müsste
überhaupt …

es fragt
sich nur …

wozu

weggehfährten

WER ZU SPÄT

die einen
werden es
am morgen schon
gewahr

bei manchen
ist es
bis zu mittag
noch nicht da

den andern
wirds
ein leben lang
nicht klar

dass gestern
alles
noch ganz anders
war

336

weggehfährten

VORBEI

und wenn wirs
noch so oft
und sehr
versuchen

wir werden
niemals
und auf keinen fall

die dinge
wieder sehen
wie beim ersten mal

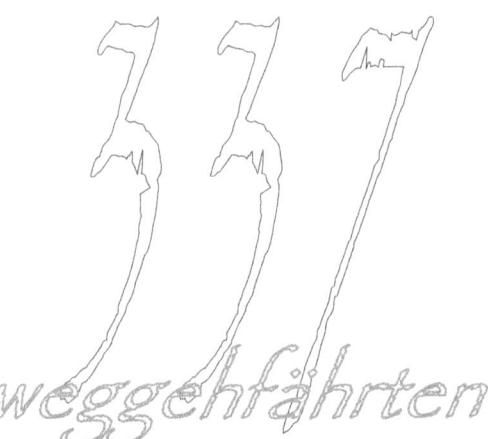

337

weggehfährten

A N F A N G   U N D   E N D E

am anfang
scheint das ende
ziemlich weit

am anfang
ist es höchstens
eine kleinigkeit

am anfang
kommen tausend dinge
in betracht

am ende
ist der anfang
kaum gemacht

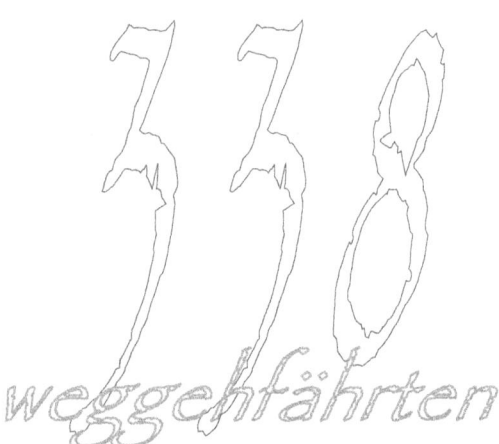

weggehfährten

U
N
E
N
T
S
C
H
L
O
S
S
E
N

beginnlich
bis erstendlich
versuchte man es
nur entwegt

schlüsslich
knapp nach vorletztendlich
war der grundstein
doch gelegt

339

weggehfährten

ANERKENNUNG

fern
der nächsten nähe
war man etwas
distanziert

mitten
hinter vordergründig
nicht mehr
irritiert

später
nach zu guter letzt
fast schon
akzeptiert

340

weggehfährten

BESTIMMUNG

wann
warum und wie
es hängt
an allen meinen sinnen

was
ich schreibe
ich kann es
nicht bestimmen

es lässt
mein geist
sich einfach
nicht dafür gewinnen

341

weggehfährten

N O C H   E I N   B U C H

warum
hab ich
ein 3. buch
geschrieben

letztendlich
ist mir
keine andre wahl
geblieben

und wird sie mir
in zukunft
auch nicht
bleiben

werd ich
wohl
ein 4.
schreiben

martin franz neuberger

geboren 1956
im burgenländischen
st. andrä am zicksee
österreich

matura am
musisch pädagogischen realgymnasium
in eisenstadt

lehramt für deutsch, geographie
und geometrisches zeichnen
ebenfalls in eisenstadt
an der pädagogischen akademie

hauptschullehrer in neusiedl am see

daneben eigene biologische landwirtschaft

seit 1981 verheiratet
drei kinder
zwei enkelkinder

schreibt bühnenstücke, kurzgeschichten,
gedichte, lieder …

präsentiert seine texte und lieder
zusammen mit drei musikern
unter dem namen
„SAE!TNR!SS"

texte von
martin franz neuberger
sind fortlaufend nummeriert

das ist der grund
warum dieses buch
mit text 314 beginnt

bisher erschienen:

„das ungegenteil"
edition rötzer
eisenstadt 2006
isbn: 3-85374-384-6

„schwarzweisheiten"
novum verlag
neckenmarkt – wien – münchen 2009
isbn: 978-3-85022-780-3

im buchhandel und im internet

„weggehfährten"
ilv-verlag 2011
isbn: 978385438439
(nicht mehr verfügbar)

„die ungelesenen weggefährten"
ist eine neuauflage
von „weggehfährten"